AF306023

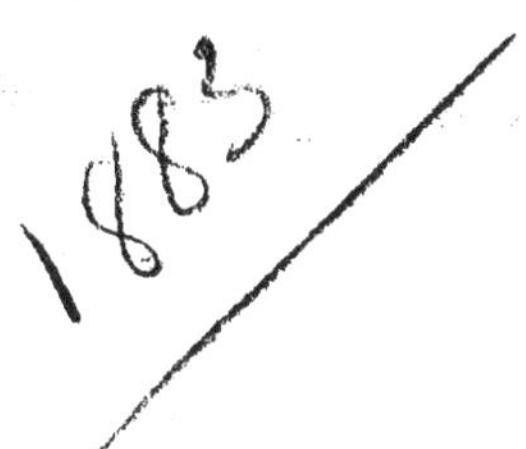

TABLEAUX

DE MAITRES ANCIENS

ET

TABLEAUX ET DESSINS MODERNES

Appartenant à M. le Baron de Beurnonville

IMPRIMERIE PILLET ET DUMOULIN
RUE DES GRANDS-AUGUSTINS, 5, A PARIS.

CATALOGUE

DE

TABLEAUX

DE

MAITRES ANCIENS

ET DE

TABLEAUX ET DESSINS MODERNES

Appartenant à M. le baron de Beurnonville

DONT LA VENTE AURA LIEU

HOTEL DROUOT, SALLES Nᵒˢ 8 ET 9

Les Lundi 21 et Mardi 22 Mai 1883

A deux heures.

COMMISSAIRE-PRISEUR

Mᵉ PAUL CHEVALLIER, Successeur de M. CH. PILLET

10, rue de la Grange-Batelière.

EXPERTS

Pour les Tableaux anciens

M. CHARLES GEORGE	M. E. FÉRAL, peintre
12, rue Laffitte.	54, rue du Faubourg-Montmartre.

Pour les Tableaux modernes

M. GEORGES PETIT, 12, rue Godot-de-Mauroy,

Chez lesquels se trouve le présent Catalogue

Catalogue illustré. Prix : 20 francs.

EXPOSITIONS

PARTICULIÈRE	PUBLIQUE
Le Samedi 19 Mai 1883,	*Le Dimanche 20 Mai 1883,*

De une heure à cinq heures et demie.

CONDITIONS DE LA VENTE

La vente sera faite au comptant.

Les acquéreurs payeront *cinq pour cent* en sus des enchères applicables aux frais.

Paris. — Typ. PILLET et DUMOULIN, 5, rue des Grands-Augustins.

ÉCOLE FRANÇAISE

BOILLY (Louis-Léopold)

1761 — 1845. Paris.

1 — *Le Petit dénicheur d'oiseaux.*

Une jeune femme aux cheveux noirs bouclés, tête nue, vêtue d'une robe de soie blanche, est en promenade dans les champs avec ses deux enfants.

Elle s'est arrêtée pour acheter un oiseau à un jeune garçon qui se baisse pour l'introduire dans la cage ouverte, tenue par le plus jeune des enfants, garçonnet blond, aux yeux bleus. En même temps, la sœur aînée atteint une pièce de monnaie et semble consulter sa mère sur le payement de l'acquisition.

Signé à gauche, en bas.

Toile. H. 0.34. L. 0.27.

BOUCHER (François)

1704 — 1770. Paris.

2 — *La Leçon de lecture.*

A l'ombre des arbres, au pied d'un mur tapissé de vigne vierge, une jeune femme assise, tournée de profil, apprend à lire à une fillette, dans un livre ouvert sur ses genoux. Un homme place des fruits sur un guéridon en pierre.

A gauche, un petit chien jappe, monté sur une chaise en bois. A terre, une corbeille contenant des pelotes de laine.

Signé F. Boucher, 1766.

Toile ovale. H. 0.42. L. 0,35.

BOUCHER (F.)

3 — *Le Fleuve Scamandre.*

(Conte de La Fontaine).

Se croyant seule, la jeune fille vient de quitter ses vêtements et trempe le bout de son pied dans l'eau. A droite, se cache dans les roseaux le séducteur Limon qui s'est couronné de plantes aquatiques pour jouer le rôle de Divinité fluviale.

Signé et daté 1763.

Toile ovale. H. 0.60. L. 0.50.

BOUCHER (F.)

4 — *Le Bât.*

(Conte de La Fontaine).

Le jeune artiste, tenant un pinceau et son godet de couleur, est à genoux devant la femme de son confrère, déshabillée au milieu de l'atelier. Un âne est dessiné au crayon blanc sur une toile posée sur un chevalet.

Toile. H. 0.40. L. 0.32.

CHARDIN (J.-B. Siméon)

Né à Paris, en 1699. — Mort en 1779.

5 — *Le Larron en bonne fortune.*

C'est un chat au pelage moucheté de fauve et de roux qui s'est glissé dans le garde-manger. Debout sur la table, la queue redressée, il porte la patte sur une large tranche de saumon qui s'étale dans un plat de poterie verte. — A droite, un poireau et un oignon auprès d'un mortier à sel. Au-dessus, deux harengs pendus à un croc.

Signé et daté 1758.

Toile. H. 0.80. L. 0.64.

CHARDIN (J.-B. S.)

6 — *Le Chat friand d'huîtres.*

Deux des succulents mollusques sont posés tout ouverts
sur une table, à portée de la patte d'un chat qui, grimpé
sur une miche de pain, s'efforce de les attirer à lui. Un petit
pichet et un couteau sont aussi placés sur la table, ainsi
qu'un plateau en poterie verte dressé de champ contre le
mur.

Une raie est suspendue au croc du garde-manger.

Signé en bas.

Toile. H. 0.80. L. 0.64.

CHARDIN (J.-B. S.)

7 — *Nature morte.*

Deux grappes de raisin blanc, une poire, deux mar-
rons, une théière en faïence blanche, sur une table de
pierre.

Signé à gauche : CHARDIN, 1764.

Toile. H. 0.32. L. 0.40.

CHARDIN (J.-B. S.)

8 — *Le Benedicite.*

Une jeune mère fait réciter la prière à une petite fille
assise devant elle ; une autre fillette, un peu plus grande, se
tient debout derrière la chaise de sa sœur.
Esquisse.

Toile. H. 0.45. L.. 0.36.

CHARDIN (J.-B. S.)

9 — *Portrait de Femme.*

A mi-corps, presque de face, les deux mains dans un
manchon ; bonnet blanc recouvert d'une pointe de dentelle
noire nouée sous le menton, robe à ramages et fichu en dentelle, aux épaules.

Pastel. H. 0.64. L.. 0.52.

COYPEL (CHARLES-ANTOINE)

1694. — 1752, Paris.

10 — *Portrait d'une actrice.*

Jeune femme en costume de théâtre, corsage rayé de

jaune passé sur une robe blanche, ruban au cou, perles et bijoux aux oreilles, à la poitrine et sur l'épaule. Elle tient une trompette.

Buste.

Toile ovale. H. o.40. L. o.35.

DROUAIS (François-Hubert)

11 — *Portrait présumé de Mlle Le Normand d'Etioles, fille de la marquise de Pompadour.*

Né à Paris en 1727. — Mort en 1775.

Elle est vue presque de face, à mi-corps, dans un charmant costume de satin rose orné de fourrure blanche ; une rose au côté gauche du corsage. Sa coiffure poudrée est relevée de perles, d'une aigrette et de fleurettes de nuance assortie au costume.

Le velouté des chairs sous lesquelles on voit circuler le sang, la douceur du regard, la coquetterie de l'ajustement rendent ce portrait tout à fait charmant.

Toile ovale. H. o.66. L. o.54.

DROUAIS (François-Hubert)

6a0 12 — *Portrait présumé de la marquise de Pompadour.*

A mi-corps, presque de face, les cheveux frisés et poudrés. Elle est vêtue d'une robe blanche décolletée et à manches courtes, laissant les bras nus. De la main droite elle ramène sur sa poitrine une peau de léopard, fixée à l'épaule par un cordon rouge. Elle porte un collier et un bracelet de perles.

Ce portrait, de tout point ravissant, est signé ainsi : *Drouais le fils 1760.*

Gravé par Ramus.

Toile. H. 0.64. L. 0.52.

FRAGONARD (Honoré)

Né à Grasse, en 1732. — Mort à Paris, en 1806.

13 — *Renaud dans les jardins d'Armide.*

Au milieu d'un essaim d'amours et de nymphes jouant de divers instruments, Armide apparaît aux regards charmés du héros guidé par les Grâces dans les charmilles des Jardins enchantés.

Toutes les séduisantes qualités de l'inimitable Fragonard, la verve impétueuse de la brosse, le charme exquis de l'effet, la grâce et la souplesse de la forme, se trouvent réunies dans cette étonnante composition, d'une haute importance dans l'œuvre du maître.

Gravé par Ch. Courtry.

Toile. H. 0.71. L. 0.90.

FRAGONARD (H.)

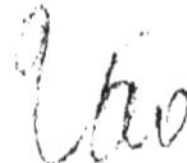

14 — *La Visite à la nourrice.*

Dans un intérieur de la campagne, deux jeunes époux venus de la ville contemplent leur enfant qui dort dans son berceau. A gauche, la nourrice, agenouillée près de lui, semble par son attitude leur recommander le silence. Ses deux enfants debout dans le fond de la chambre se tiennent serrés l'un contre l'autre et examinent timidement les deux visiteurs.

Par la fenêtre pénètre un chaud rayon de soleil qui éclaire cette scène touchante.

Gravé par Mme Rouveyre.

FRAGONARD (attribué à)

15 — *Les Lavandières.*

Elles font la lessive dans un souterrain où monte une épaisse buée.

Toile. H. 0.42. L. 0.48.

GREUZE (Jean-Baptiste)

Né à Tournus, en 1725. — Mort en 1804.

16 — *Jeune fille écrivant.*

Elle est assise, accoudée à son bureau, vue à mi-corps, la figure de trois quarts à gauche, les cheveux blonds poudrés, coiffée d'un petit chapeau orné de rubans bleus noués sous le menton, robe blanche, fichu de mousseline ; elle tient une plume et semble réfléchir.

Toile. H. 0.45. L. 0.50.

GREUZE (J.-B.)

17 — *Portrait de Mme de Viette.*

Vue jusqu'à la ceinture, les cheveux blonds frisés, serrés par un ruban bleu orné de fleurs, robe bleue décolletée et bordée d'un galon d'or, fichu de gaze sur l'épaule gauche.

Gracieuse peinture du maître.

Ce portrait est accompagné d'un autographe de Greuze ainsi conçu :

Je certifie que dans l'année mil sept cent quatre vingt onze, j'ai fait pour M. de Viette le portrait de madame son épouse, plutôt par amitié que par intérêt, lequel il me demande pour sa propre jouissance, et je certifie de plus que je me chargeai pour l'obliger de faire faire par de Bréa, peintre en miniature, une copie de ce même portrait pour être placée sur une tabatière qu'il destinait à son beau-père, desquels objets ayant été livrés, il me remit à la même époque trente-trois louis, dont vingt-cinq pour le tableau et huit pour la copie.

Signé : GREUZE.

Ce 14 prairial an 9.

Gravé par Mordant.

Toile ovale. H. 0.60. L. 0.49.

GREUZE (J.-B.)

18 — *L'Effroi.*

Le charmant et sympathique visage d'une jeune fille blonde, vue de trois quarts, se détache sur un ciel orageux. Ses cheveux et la voilette qui les couvre sont soulevés par le vent. Elle joint les mains à hauteur du menton et sa physionomie exprime la crainte.

Peint de verve. De haute qualité.

Gravé par Salmon.

Bois. H. 0.45. L. 0.38.

GREUZE (J.-B.)

19 — *Jeune Fille blonde.*

De trois quarts, regardant à gauche, coiffée d'une fanchon, elle est vêtue d'une robe jaunâtre sur laquelle se détache un fichu blanc et un mantelet de soie noire.

Collection Camille Marcille.

Toile. H. 0.44. L. 0.34.

GREUZE (J.-B.)

20 — *Le Petit villageois.*

Garçon d'une douzaine d'années, à la chevelure blonde, bouclée, la tête légèrement inclinée sur l'épaule gauche. Il est vêtu d'un habit gris et d'un gilet rouge entr'ouvert sur la poitrine. — Buste.

Charmant tableau, de la meilleure facture de l'artiste.

Toile. H. 0.46. L. 0.37.

GREUZE (J.-B.)

21 — *La Méditation.*

Une jeune fille, aux cheveux blonds, accoudée sur une table, le front dans la main, les yeux baissés, semble absorbée dans une pensée de mélancolique regret. Ses épaules sont enveloppées d'un fichu jaunâtre.

Toile. H. 0.40. L. 0.31.

HUET (Jean-Baptiste)

22 — *La Bonne aventure.*

Une jeune bohémienne, son enfant sur le dos, prédit l'avenir à deux bergères au repos sous les arbres, auprès d'un monument à cariatides envahi par les lianes et les plantes grimpantes. A gauche, un petit troupeau de moutons couchés sur le gazon.

Ce tableau, très agréable de compositon, a été aussi attribué à Boucher.

Toile. H. 0.92. L. 0.72.

LANCRET (Nicolas)

1690 — 1743. Paris.

23 — *La Collation des chasseurs.*

Dames et seigneurs sont réunis sur un plateau d'où la vue s'étend au loin dans la campagne.

Un valet place les provisions sur la nappe étendue à terre. Une dame fait boire un chien dans son verre. A gauche, d'autres chiens gambadent derrière un piqueur qui s'arrête auprès d'une voiture.

Jolie exquisse, prestement brossée dans une gamme blonde très fine.

Toile. H. 0.55. L. 0.72.

LANCRET (N.)

24 — *La Bonne aventure.*

Dans l'allée ombreuse d'un parc, deux jeunes femmes ont rencontré une bohémienne qui leur dit la bonne aventure.

Toile. H. 0.37. L. 0.29.

LARGILLIÈRE (Nicolas)

1656 — 1746. Paris.

25 — *Portrait de jeune femme.*

Représentée de face, à mi-corps, le cou et les bras nus, vêtue d'une tunique rose, remontant sur l'épaule gauche, et d'un manteau de velours gros bleu, doublé de satin blanc, qu'elle ramène de la main droite sur sa poitrine. De la main gauche elle attache avec une faveur bleue une boucle de ses cheveux qui sont coiffés à la Maintenon.

Toile ovale. H. 0.90. L. L. 0.71.

LA TOUR (Maurice-Quentin de)

1704 — 1788. Saint-Quentin.

26 — *Portrait de l'artiste.*

En buste, de trois quarts, tourné vers la gauche, cheveux poudrés, cravate blanche et jabot, gilet rouge, habit violet.

Pastel. H. 0.54. L. 0.44.

LE NAIN (Matthieu)

1607 — 1677.

27 — *Portrait d'un savant.*

Tête nue, vu de trois quarts, il porte la moustache et la barbiche. Accoudé sur le dossier du fauteuil, la main gauche appuyée sur un livre, il soulève de la main droite une petite croix appendue à une chaînette d'or qui retombe sur sa poitrine. Une fraise plissée et des manchettes unies contrastent avec les nuances sombres de son costume.

La fermeté du dessin, l'accentuation rigide de la forme, la sobriété de la couleur, la puissance de la vitalité, tout est admirable dans ce superbe portrait.

Dans la célèbre collection dont il a fait partie, il passait pour représenter l'astronome Tycho-Brahé. En ce cas, il ne pourrait être l'œuvre de M. Le Nain, mais serait plutôt de François Pourbus, auquel il a été aussi attribué.

Galerie San Donato.

Toile ovale. H. 0.80. L. 0.62.

NATTIER (Jean-Marc)

Né à Paris, en 1685. — Mort en 1766.

28 — *Portrait de la duchesse de* ***

Fière, impérieuse, regardant sur la gauche, portée sur une nuée, elle répand des fleurs sur son passage accompagnée par le Génie des arts, l'étoile sur le front, le flambeau à la main. Quelques fleurs sont piquées dans ses cheveux châtains qui retombent en longues tresses derrière le cou. Elle a pour vêtement une tunique blanche décolletée, à manches relevées, et maintenues près de l'épaule par une rangée de perles. Une écharpe bleue flotte autour du corps.

Ce portrait a été gravé anciennement.

Gravé par Gaujean.

Toile. H. 1.00. L. 0.80.

NATTIER (J.-M.)

29 — *Madame Victoire, fille de Louis XV.*

En buste, de face, représentée en Diane chasseresse, la tête surmontée du croissant, tenant un arc des deux mains, les épaules nues, elle est vêtue d'une tunique recouverte d'une peau de léopard.

Toile. H. 0.65. L. 0.55.

NATTIER (J.-M.)

30 — *Portrait de jeune femme.*

En peignoir de soie grise, agrémenté d'une bordure rose bouillonnée, avec perles, bijoux sur la poitrine, son charmant visage, vu de face, se détache sur un rideau bleu. Des rubans rouges et une plume noire sont fixés dans ses cheveux châtains.

Buste.

Toile ovale. H. 0.63. L. 0.51.

NATTIER (J.-M.)

31 — *Portrait de jeune femme.*

Représentée de face, en peignoir blanc avec écharpe de soie bleue descendant de l'épaule. Les cheveux sont poudrés et enroulés dans un cordon de perles. Fond uni avec quelques feuilles de chêne à droite.

Portrait en buste.

Toile ovale. H. 0.60. L. 0.50.

OUDRY (JEAN-BAPTISTE)

Né à Paris, en 1686. — Mort en 1755.

32 — *Renard et Poule.*

Un renard a surpris une poule ; il la maintient sous ses pattes et glapit en tournant la tête du côté d'une ferme qu'on aperçoit à droite, au second plan.

Toile. H. 0.67. L. 1.00.

PERRONEAU (Jean-Baptiste)

1715 — 1783.

33 — *Portrait présumé de Mme Favart.*

De trois quarts, rubans roses dans ses cheveux poudrés,
collier de perles, robe bleue en soie brochée.
Buste.

Pastel. H. 0.39. L. 0.3o.

PRUD'HON (Pierre)

Né à Cluny, en 1758. — Mort à Paris, en 1823.

34 — *La Chute des Anges rebelles.*

Composition séparée en deux groupes distincts : dans
la partie supérieure, Dieu le Père, porté par des anges,
vêtu d'une tunique blanche et d'un manteau bleu qui flotte,
les bras surélevés, les mains armées de la foudre ; dans la
partie inférieure, les anges déchus, se tordant dans les con-
vulsions du désespoir.

Belle esquisse, très énergique, signé P. Prudhon.
Collection Laperlier.

H. 0.48. L. 0.29.

ROBERT (Hubert)

1733 — 1808. Paris.

35 — *La Fontaine monumentale.*

Des laveuses entourent le réservoir d'une magnifique fontaine, flanquée de statues sur des piédestaux et dont les nombreuses vasques se superposent dans une niche, au milieu d'une belle façade décorée de sculptures.

On monte à cette fontaine par un large escalier de pierre, orné en haut de lions en bronze lançant par leurs gueules ouvertes des jets d'eau dans de petits bassins échelonnés sur les degrés.

Toile. H. 0.42. L. 0.33.

ROBERT (H.)

(PENDANT DU PRÉCÉDENT)

36 — *Thermes antiques.*

Autour d'un bassin sont rangées des laveuses, dans une ancienne salle de bains à coupole supportée par quatre colonnes. Au premier plan deux femmes tordent le linge.

Toile. H. 0.42. L. 0.33.

ROBERT (H.)

37 — *La Galerie en ruines.*

Plusieurs promeneurs, un homme conduisant deux chevaux par la bride, des laveuses se rendant à la fontaine, circulent au pied d'un large escalier décoré de statues et qui mène à une ancienne galerie à colonnes, divisées en travées régulières par de grandes arches délabrées.

Toile. H. 0.40. L. 0.31.

ROBERT (H.)

38 — *La Gondole.*

Une gondole, pourvue d'une tente pour les promeneurs, aborde les degrés qui entourent la pièce d'eau.

De magnifiques arcades, dans le style d'arcs de triomphe, forment une immense cour d'honneur où l'on accède par de vastes escaliers.

Toile. H. 0.40. L. 0.31.

TOCQUÉ (LOUIS)

Né en 1696. — Mort en 1772.

39 — *Portrait de jeune femme.*

Elle est représentée de trois quarts, jusqu'aux genoux, assise dans la campagne, tenant des deux mains une guirlande de fleurs. Elle est vêtue d'une robe de satin à manche larges, doublée de soie violette. Un nœud de même nuance est fixé autour du corsage. Des fleurettes bleues ornent ses cheveux bouclés et poudrés.

Très beau portrait d'une exécution remarquable et d'un coloris très flatteur.

Signé à droite sur le tronc d'un arbre et daté 1747.
Gravé par Ramus.

Toile. H. 0.98. L. 0.77.

VESTIER (ANTOINE)

1786. Avallon.

40 — *Portrait présumé de Mme Roland.*

Tournée vers la droite et vue de trois quarts ; cheveux

abondants, bouclés et légèrement poudrés ; vêtue d'un peignoir recouvert d'une mante de soie verte.

Un autre portrait de Mme Roland, par Vestier, de moindre dimension et dans une pose un peu différente, fait partie de la galerie La Caze, au Louvre.

Toile. H. 0.71. L. 0.57.

WATTEAU (ANTOINE)

Né à Valenciennes, en 1684. — Mort en 1721.

41 — *L'Assemblée au parc.*

Sept personnages, tout pimpants dans leurs charmants costumes d'étoffes chatoyantes, sont réunis dans un parc, auprès d'une fontaine en rochers surmontée de deux sources.

Une dame tenant sa jupe à deux mains esquisse un pas de menuet ; debout derrière elle, un galant, les mains derrière le dos, lui glisse à l'oreille quelques mots doucereux. Un autre galant lutine sa belle sur le gazon ; une jeune femme, à droite, assise au pied de la fontaine, en toilette toute rose, joue avec son éventail. A gauche, un couple d'amoureux sous l'ombrage des arbres.

Toile. H. 0.37. L. 0 47.

WATTEAU (A.)

42 — *L'Ile enchantée*.

« A droite et à gauche, de grands arbres qui bordent un lac, derrière lequel se déroule une chaîne de montagnes.

« Au premier plan, droite, un cavalier et une dame se promènent.

« Tout le côté gauche est occupé par huit autres cavaliers et sept dames étendues sur l'herbe où ils devisent l'amour. Un couple est debout dans le coin à gauche. »

Collection de M. Cartaud, de Sir Johsua Reynolds et de M. Holworthy.

Galerie de M. John W. Wilson, n° 25 du catalogue.

Gravé par J. P. Lebat et par G. Greux.

Toile. H. 0.46. L. 0.56.

ÉCOLE DE BOURGOGNE (xve siècle)

43 — *Un Évêque bénissant*.

« Il est debout, suivi de son clergé, devant une église gothique; un malade couvert d'un manteau, un linge blanc

noué autour de la tête, s'agenouille pour recevoir sa
bénédiction; il est accompagné par un groupe de personnages parmi lesquels est une femme tenant son
enfant.

« Vers le fond, on aperçoit un possédé renversé sur le
sol et secouru par deux hommes. »

Bois. H. 0.62. L. 0.48.

ÉCOLE DE BOURGOGNE

(PENDANT DU PRÉCÉDENT)

44 — *Un Baptême.*

« Un personnage, portant une couronne (probablement le
roi Clovis), est représenté nu dans un bassin; il reçoit le bap-
tême d'un évêque suivi de plusieurs prêtres et desservants.

« A gauche, une jeune femme et deux seigneurs debout
assistent à cette cérémonie ; sur le devant un enfant de
chœur tient un livre.

« Dans le fond, des gardes et de nombreux servi-
teurs.

« Ces deux précieux tableaux, qui paraissent repro-
duire des épisodes de la vie de saint Remi, sont d'une
pureté de dessin, d'une finesse et d'une transparence de tons
remarquables. La physionomie et le costume des personnages leur donnent un caractère français; plusieurs con-

naisseurs ont cru reconnaître dans ces tableaux l'œuvre
d'un artiste français du xvᵉ siècle dont le nom ne nous est
pas encore connu. De toute façon, nous pouvons affirmer
que ces peintures, des plus intéressantes, sont deux œuvres
de tout premier ordre. »

Collection de M. le comte de Lestang Parade.

Reproduction du catalogue.

INCONNU

45 — *René d'Anjou, comte de Provence, Jeanne
de Laval, sa femme, et saint Bernard de
Sienne.*

René d'Anjou est à genoux devant un prie-Dieu, les
mains jointes, les yeux levés vers le ciel ; derrière lui, sa
femme, également à genoux, vêtue d'une robe bleue, lisant
dans son livre d'Heures ; à droite, saint Bernard en prières,
un ange lui présente une hostie » (Reproduction du catalogue de la vente Timbal).

Collection Charles Timbal.

Bois. H. 0.26. L. 0.67.

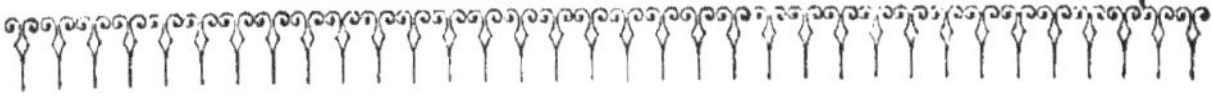

ÉCOLES

FLAMANDE ET HOLLANDAISE

BERCHEM (Claes-Pieterz)

Né à Harlem, en 1624. — Mort en 1683.

46 — *Le Retour des champs.*

Sur un chemin qui longe la rivière, un pâtre italien drapé dans son manteau chemine à côté d'une femme assise sur une mule, entre deux vaches, une rousse, l'autre grise.

Un chien, une chèvre, une brebis et un agneau viennent en avant.

De l'autre côté de l'eau, un paysan conduit ses deux vaches, au pied des rocs escarpés couronnés d'arbres et de broussailles.

Coloration ambrée, très harmonieuse. Impression d'une chaude journée d'été.

Tableau de haute qualité.

Signé en bas.

Gravé par Daumont.

Toile. H. 0 65. L. 0.81.

BERCHEM (C.-P.)

47 — *Les Vanniers.*

Une femme tenant par la main un petit garçon qui joue avec un chien, et une jeune fille portant un enfant sur le bras, sont arrêtés sur un quai, à regarder les vanniers qui confectionnent des paniers, installés dans leur bateau amarré près du bord.

Plus loin, d'autres barques; sur la berge, des troupeaux suivant un chemin montueux qui passe sous la voûte d'un édifice en ruines.

Toile. H. o.72. L. 1.10.

BLES dit CIVETTA (Henri Met de)

1480 — 155o. Bouvignes.

48 — *Diptyque.*

Panneau de gauche : *la Nativité.*

La Vierge, saint Joseph et des anges adorent l'Enfant Jésus couché sur la crèche. Deux bergers sont accoudés sur l'appui d'un mur. Dans la partie supérieure, un groupe d'anges.

Panneau de droite : *Jésus aux Oliviers.*

Jésus est agenouillé ; un ange lui présente la sainte hostie ; les apôtres sont endormis. Au loin, sortant des portes de Jérusalem, s'avance la troupe guidée par Judas. Dans le haut du tableau, un médaillon rond représente le miracle de la messe.

H. de chaque volet, 0.33. L. de chaque volet, 0.24.

BRAUWER (Adriaan)

Né à Harlem, en 1608. — Mort à Anvers, en 1640.

49 — *Le Fumeur*.

Coiffé d'un bonnet rond, vêtu d'une veste gris clair et de culottes brunes, il est assis sur un tonneau, un coude sur la table, un pied sur une grosse pierre. La pipe à la main, il rejette avec délices une bouffée de fumée qu'il regarde tournoyer en l'air. Un camarade s'est endormi sur la table, la tête enfouie sous un feutre à larges bords retroussés, le front appuyé sur le bras. Près d'une porte, au fond de la pièce, est un troisième personnage.

Signé de l'initiale *B*.

Bois. H. 0.33. L. 0.25.

BRAUWER (A.)

50 — *Les Deux amis.*

L'un chante quelque couplet en l'honneur de la bière, la main posée sur le couvercle d'une canette d'étain ; l'autre, coiffé d'un feutre pointu, semble tout heureux de montrer sa pipe.

Bois. H. 0.19. L. 0.13.

CUYP (Albert)

1605 — 1691. Dordrecht.

51 — *Pâturage.*

Dans la prairie, au premier plan, un mouton couché et une vache blanche et noire, debout en profil. Plus loin, le pâtre, son chien et deux autres vaches. A l'horizon, les maisons d'un village et le clocher de l'église.

Bois. H. 0.45. L. 0.36.

DOW (Gérard)

Né à Leyde en 1613. — Mort en 1680.

52 — *Portrait d'un religieux.*

Personnage à la figure austère, le front chauve et portant toute la barbe; il tient un crucifix. Il a pour costume une robe de bure et une cagoule blanche. A mi-jambes, assis, vu presque de face.

Cuivre. H. 0.19. L. 0.14.

DYCK (Anton Van)

Né à Anvers en 1599. — Mort à Londres en 1641.

53 — *Les Amours Tritons.*

Un amour, assis sur un dauphin, couronné d'algues, de coquillages et de coraux, souffle dans une conque marine. Une draperie écarlate flotte sur ses épaules. A droite, dans la demi-teinte, un second amour souffle également dans un^e conque .

Superbe peinture, d'un ton chaud et d'une remarquable souplesse de modèle, qui indiquent la plus belle époque du maître.

Toile. H. 0.95. L. 0.85.

DYCK (A. V.)

54 — *L'Adoration des Bergers.*

Assise devant les colonnes cannelées d'un ancien palais, la Vierge Marie, la tête enveloppée d'un voile, est vêtue d'une robe rose et d'un manteau bleu. Soulevant ce manteau, elle découvre l'Enfant Jésus endormi sur ses genoux. Trois bergers sont en adoration. Saint Joseph, debout derrière la Vierge, élève ses regards vers le ciel où apparaissent des anges, dont un déploie une banderole.

Belle esquisse peinte par de légers frottis dans des tons transparents et avec une extrême sûreté de main.

Panneau. H. 0.56, L. 0.41

DYCK (A. V.)

55 — *La Madeleine.*

Elle est en contemplation devant le crucifix qu'elle tient dans la main gauche, soulevant de la droite les longues tresses de sa chevelure blonde.

Esquisse.

Bois. H. 0.55. L. 0.45.

EYCH (Van)

xvᵉ siècle. — Maeseyck.

56 — *Vierge et Enfant.*

La Vierge est assise sur une terrasse, elle regarde l'Enfant Jésus couché sur ses genoux et lui offre le sein. Sous son riche manteau vert émeraude, elle porte un corsage et une jupe brodés d'or. Ses cheveux ondulés tombent sur ses épaules; derrière elle, une colonne soutient l'édifice. Au second plan apparaissent les murs crénelés d'une place forte et une femme penchée en dehors. Au delà, se déroule le panorama d'une ville entière. Maisons, cours d'eau, murs d'enceinte, personnages, tout y est traité avec une délicatesse de pinceau et une fidélité remarquables.

Il existe au musée de Munich, sous le non de *Rogier Van der Werden le Vieux*, une peinture, non pas semblable, mais analogue à celle-ci. Nous avons cru devoir conserver au tableau l'attribution à Van Eyck, sous laquelle il était connu depuis un temps immémorial dans l'éminente collection d'où il sort.

Collection de la reine d'Espagne.

Gravé par Ch. Vion.

Bois. H. 1.00. L. 0.55.

EYCK (École des V a n)

Peinture flamande du xve siècle.

57 — *Triptyque double.*

Petit retable du xvie siècle, d'une exécution précieuse et d'une conservation parfaite, composé d'un triptyque de 35 c. de haut sur 3o c. de large, surmonté d'un second triptyque mesurant 18 c. de haut sur 15 c. de large, tous deux à volets peints sur les deux faces.

1° PARTIE INFÉRIEURE :

Sujet principal : La Vierge assise sous un dais présente une fleur à l'Enfant Jésus.

Volet de droite intérieur, divisé en deux compartiments : En bas, le miracle de la messe ; en haut, sainte Véronique. — *Extérieur,* un saint pèlerin.

Volet de gauche intérieur : En bas, saint Jérôme ; en haut, la Résurrection. — *Extérieur,* saint Pierre.

2° PARTIE SUPÉRIEURE :

Sujet principal : Le Christ en croix.

Volet de droite : Saint Jean.

Volet de gauche : La Vierge.

Extérieur des volets : Deux anges.

FYT (JOANNES)

Né à Anvers en 1609. — Mort en 1661.

58 — *Fruits et Gibier.*

Des grappes de raisin, des pêches, des prunes, des abricots emplissent un panier de jonc, déposé sur le sol, devant une belle fontaine surmontée de dauphins.

Un magnifique ara rouge est vert et penché sur une branche. Un chien de chasse flaire un lièvre mort suspendu par les pattes de derrière à un fusil appuyé contre le tronc de l'arbre. Au fond, à droite, un palais à colonnes dans un parc, à la base d'une montagne.

Toile. H. 0.98. L. 1.22.

GOYEN (JAN VAN)

Né en 1596. — Mort en 1656.

59 — *La Ferme.*

Sur une route qui mène à la barrière d'un enclos, un paysan, le bâton à la main, marche à côté d'un cheval chargé de sacs et précédé d'un chien. Un arbre, dont les rameaux touffus se développent sur un ciel gris nuageux, cache en partie les bâtiments de la ferme. A droite, quatre personnages sont arrêtés auprès d'une palissade sur la crête d'un monticule.

Signé et daté 1634.

Toile. H. 0.87. L. 0.22.

HEEM (JEAN-DAVID)

60 — *Nature morte.*

Un saladier de faïence plein d'abricots, de pêches et de raisins, — une grenade ouverte, — une huître, un citron à demi pelé et une cerise dans un plat d'argent, — un verre à vin du Rhin et une écrevisse sur une boîte ronde en bois blanc, — sont placés sur une table recouverte d'un tapis d'Orient à haute laine.

Signé en haut : *J. de Heem.*

Toile. H. 0.55. L. 0.67.

HELST (BARTHOLOMEUS VAN DER)

Né en 1619. — Mort en 1722.

61 — *Portrait de la femme du commandant Gédéon de Wildt.*

Vue presque de face et assise, les cheveux blonds, coiffure en velours ornée d'un rang de perles, robe en velours noir garnie de deux bandes de broderies sur le devant; collerette et manches en fine guipure. De la main droite, elle tient un éventail; la main gauche est posée sur le bras d'un fauteuil. Fond avec rideau et vue sur la mer qui est chargée de vaisseaux.

Très beau portrait du maître, d'une parfaite conservation.

Signé.

Collections D. Molenaar, de la Haye et Neville Goldsmid.

Toile. H. 1.35. L. 1.20.

HEYDEN (JEAN VAN DER)

Né en 1637. — Mort à Amsterdam en 1712.

62 — *Vue d'une résidence seigneuriale.*

Le château construit en briques, composé de deux corps principaux et de plusieurs dépendances, est situé au milieu d'un parc décoré de statues. Dans le fond, les dunes de la Hollande.

Cette vue, prise à vol d'oiseau, est animée de petites figures, peintes par ADRIEN VAN DE VELDE.

Panneau. H. 0.40. L. 0.335.

HOBBÉMA (Meindert)

Né à Amsterdam en 1638. — Mort en 1709.

63 — *Le Moulin à eau.*

Le moulin est à gauche, près d'un massif d'arbres. La rivière qui l'alimente est légèrement encaissée et coule à à l'ombre de grands chênes touffus.

A droite, des paysans, revenant du moulin, suivent un sentier plein d'ornières qui passe sur un petit pont et conduit sur la rive opposée.

Par une échappée, à gauche du tableau, apparaît, à perte de vue, la plaine toute ensoleillée. Au-dessus des arbres de droite, se découpe le clocher d'une église de campagne.

Signé en toutes lettres.

Gravé par Salmon.

Bois. H. 0.60. L. 0.84.

HOLBEIN (Attribué à Hans)

64 — *Portrait présumé d'Ulrich Zwingle.*

Grandeur demi-nature, assis, vu jusqu'à la ceinture, la figure de trois quarts tournée à droite; une toque avec médaille d'or est posée sur sa tête; il porte un vêtement rouge en partie caché par un pardessus foncé doublé d'her-

mine, il a un poignard et tient à la main gauche un œillet.
Portrait d'un grand caractère.

Bois. H. o.42. L. o.33.

HONDECOETER (MELCHIOR DE)

Né à Utrecht en 1636. — Mort en 1695.

65 — *L'Oiseau de proie.*

Un aigle fond sur un poulailler. Les volatiles effrayés
se dispersent de tous côtés. Une poule, les plumes hérissées,
se réfugie sur une corniche en pierre; une autre s'apprête à
défendre ses poussins.
Signé des initiales M. D. H.

Toile. H. o.75. L. 1.02.

HOOCH (PIETER DE)

xviie siècle. Ecole hollandaise.

66 — *L'Intérieur hollandais.*

On vient de nettoyer l'appartement, les portes sont res-
tées ouvertes, les rayons du soleil entrent gaiement dans
toutes les pièces. La première est une antichambre pavée
de carreaux rouges et bleus. Un balai est debout contre la
porte, une serviette pend au long du mur. Vient ensuite un

corridor dans lequel un petit chien s'est arrêté auprès d'un paillasson où on a laissé deux pantoufles. On découvre enfin le coin d'un salon dallé en mosaïque blanc et bleu ; une chaise et une table garnie d'un tapis jaune sont placés contre un mur blanc tout ensoleillé sur lequel ressortent les cadres noirs de deux tableaux, dont l'un est une peinture de Terburg représentant une dame en toilette de satin blanc et un petit page. Sur la table, un livre et un flambeau d'argent.

Les jeux compliqués de la lumière si heureusement distribuée, la vérité saisissante de l'effet, la justesse du ton, font de cette simple étude une œuvre des plus remarquables.

Décrit dans le catalogue raisonné de Smith, page 569 du supplément, sous ce titre : *Les Pantoufles*.

Toile. H. 1.00. L. 0.70.

HUYSUM (Jan Van)

1682 — 1749. Amsterdam.

67 — *Fleurs.*

Des tulipes de Hollande, des roses, des pivoines, un iris, des narcisses, des giroflées... sont assemblés en bouquet dans un vase décoré d'un bas-relief et placé sur une console en marbre.

Au pied du vase est un nid d'oiseaux avec les œufs.

Signé en toutes lettres.

Bois. H. 0.62. L. 0.50.

LEYDE (Attribué à LUCAS DE)

1494 — 1533. Leyde.

68 — *La Vierge, sainte Catherine et sainte Madeleine.*

Drapée dans un long manteau bleu doublé d'hermine, ses longs cheveux blonds flottant sur les genoux, Marie ayant l'Enfant Jésus sur les genoux, est assise sur un trône dans un péristyle.

A gauche, sainte Catherine; à droite, sainte Madeleine, toutes deux revêtues du somptueux costume du commencement du XVIe siècle et tenant des livres de prière.

On aperçoit entre les piliers du péristyle les nombreux édifices d'une ville fortifiée.

Signé de l'initiale L.

Panneau. H. 0.78. L. 0.62.

MABUSE (Attribué à JAN GOSSAERT, dit DE)

Né à Maubeuge en 1470. — Mort en 1522.

69 — *La Vierge allaitant l'Enfant Jésus.*

Enveloppé d'un lange, l'Enfant vient de quitter le sein de sa mère et lui sourit avec tendresse.

Il tient son pied d'une main, dans une pose toute gracieuse.

Panneau. H. 0.38. L. 0.28.

METSU (Gabriel)

Né à Leyde en 1615. — Mort à Amsterdam en 1668.

70 — *La Ménagère hollandaise.*

Vue à mi-jambes, coiffée d'un feutre à bords arrondis, vêtue d'une casaque violacée et d'une guimpe en toile, elle se verse un verre de liqueur dans un petit gobelet en métal.

Bois. H. 0.18. L. 0.16.

MOREELSE (Paulus)

1571 — 1638. Utrecht.

71 — *Portrait d'homme.*

Coiffé d'un feutre noir, il est vu de trois quarts, en buste, tourné vers la droite. Une fraise plissée se détache sur son pourpoint en soie noire à côtés veloutées. Il porte la moustache et la barbiche.

Bois. H. 0.59. L. 0.52.

NEER (Aar Van Der)

Né à Amsterdam en 1619. — Mort en 1683.

72 — *Le Retour des champs.*

Le soleil disparaît derrière les arbres touffus d'une forêt au delà d'une rivière que des chariots traversent à gué. Il fait encore grand jour. Les paysans reviennent des champs.

Dans un chemin creux, au premier plan, un villageois mène par la bride un cheval attelé à une charrette sur laquelle une femme se tient debout. Un poulain marche en avant. Plus loin, sur la route, arrive une femme portant un panier sur la tête.

A droite, sur une élévation du terrain, auprès d'un bouquet d'arbres, on voit deux habitations rustiques, entourées de clôtures en planches.

Toile. H. 0.53. L. 0.64.

NEER (A. V. D.)

73 — *Crépuscule.*

Il fait presque nuit. L'ombre s'étend peu à peu sur la campagne. Des lueurs rougeâtres permettent encore de distinguer tous les détails du paysage, — un site de Hollande, plat, boisé, traversé par un canal.

A gauche, entre les arbres plantés en file au bord de l'eau, s'aperçoivent, rangées le long du chemin, les façades en briques des maisons du village. Un rayon du couchant miroite sur la vitre d'une fenêtre comme une flamme d'incendie.

La berge, à droite, est animée par plusieurs figures : un homme assis, une paysanne qui chemine lentement et un enfant courant derrière un chien qui aboie après des canards.

Des branches d'arbres, des troncs abattus, gisent sur le sol, au premier plan.

De la meilleure époque du maître.

Gravé par Gustave Greux.

Toile. H. 0.64. L. 0.81.

NEER (A. V. D.)

74 — *Rivière de Hollande. — Clair de lune.*

La lune sort des nuages qui tourbillonnent à l'horizon et illumine tout à coup autour d'elle leurs innombrables contours, comme dans un ciel d'apothéose.

Elle projette une longue traînée lumineuse sur la rivière bordée d'arbres, d'habitations, de moulins.

Au loin, sur la partie éclairée du ciel et de l'eau, se profile en noir un bateau avec sa voile.

En premier plan, un homme et un enfant, suivis d'un chien, sont arrêtés près d'un palis sur une langue de terre où se dresse un grand peuplier ; à droite, un homme armé d'un long bâton traverse une passerelle.

Signé des initiales, en bas sur un tronc d'arbre.

Bois. H. 0.46. L. 0.76.

NETSCHER (Constantin)

Né à La Haye en 1670. — Mort en 1722.

75 — *Portrait d'un Jeune seigneur.*

La tête de face, ses longs cheveux poudrés descendant sur les épaules, il porte un élégant costume de chasse, habit de velours rouge brodé d'or, jabot et manchettes en dentelle, épée suspendue à un ceinturon d'or. Il tient un fusil d'une main et de l'autre fait un geste indicateur. Un chien blanc à taches fauves l'accompagne.

Figuré à mi-jambes.

Portrait d'une extrême distinction pour la délicatesse du coloris et la suavité du pinceau.

Signé en toutes lettres et daté 1703.

Toile. H. 0.52. L. 0.42.

OSTADE (Adriaan Van)

Né à Harlem en 1510. — Mort en 1685.

76 — *L'Intérieur rustique.*

Une ménagère hollandaise, penchée sur un baquet prépare des saucisses, tout en causant avec le tueur de porc, debout devant elle, ses couteaux pendus à la ceinture.

Plus loin, dans un rayon de soleil qui pénètre par une

lucarne, auprès du porc dépecé et suspendu au milieu de la chaumière, trois gamins jouent avec une vessie gonflée dont ils se frappent à tour de bras.

Au fond de la pièce, assis devant l'âtre, un villageois attise le feu sous la marmite.

En premier plan, à gauche, des fagots, une pelle, une brouette des champs, une manne, etc., etc.

Signé à droite, sur une planche :

A. V. Ostade.

Bois. H. 0.39. L. 0 49.

OSTADE (A. V.)

77 — *Le Trio rustique.*

Deux campagnards, l'homme et la femme, le premier coiffé d'un bonnet rouge, le pied posé sur un escabeau, la seconde en robe grise, la tête enveloppée d'un fichu blanc, sont assis et chantent les couplets d'une joyeuse complainte imprimée sur un grand feuillet qu'ils tiennent tous les deux.

Un troisième compère, debout derrière leur chaise, chante avec eux et accentue le rythme en frappant du poing sur le couvercle d'une canette qu'il a prise sur un buffet.

Signé, à droite, sur le buffet : A. V. Ostade.

Panneau ovale. H. 0.24. L. 0.22.

OSTADE (A. V.)

78 — *Deux Amis.*

Dans un intérieur flamand, deux paysans sont assis sur un banc, devant une vaste cheminée. Le premier, vêtu d'une blouse bleue, fume sa pipe, l'autre, un verre dans une main, un cruchon dans l'autre, sourit à son camarade en lui racontant une histoire.

A droite, une sorte de paravent sur lequel est posé un manteau rouge.

Dans le fond, une fenêtre à vitraux par laquelle on aperçoit la campagne ; à terre, des pincettes.

Signé et daté 1656.

Bois. H. 0.38. L. 0.30.

OSTADE (A. V.)

79 — *Le Buveur.*

Coiffé d'un feutre à bord retroussé, vêtu d'une veste et d'une culotte grises, vu de face, penché en avant, assis sur

un escabeau, il tient un verre de la main droite et prend
de la gauche une cruche de bière sur une petite table où
l'on voit sa pipe et du tabac. Dans le fond de la pièce, un
second personnage allume sa pipe à un tison qu'il vient de
retirer de l'àtre avec une pincette. On aperçoit la campagne
par l'ouverture du battant supérieur de la porte.

Coloration fine, pleine de douceur et d'harmonie.

Signé en bas à gauche.

Panneau. H. o.195. L. o.17.

OSTADE (A. V.)

8o — *Intérieur hollandais.*

Assis sur un escabeau, levant son verre plein, un homme
se tourne vers une jeune mère donnant les mains à son
marmot qui commence à se tenir debout. Un vieux semble
la complimenter. Un fumeur est assis sur un banc auprès
d'une vieille femme; deux autres personnes se chauffent à
la cheminée.

Petit tableau d'un coloris transparent et harmonieux.

Signé à droite et daté 1659.

Bois. H. o.23. L. o.20.

OSTADE (A. V.)

81 — *La Partie de cartes.*

Trois paysans sont assis et jouent aux cartes; un quatrième debout, la pipe dans la ceinture, une sacoche au côté
pose un broc de bière sur la table. A gauche, dans l'ombre,
deux enfants, l'un debout, l'autre assis par terre et man-
geant la soupe.

Le jour pénètre dans la pièce par une lucarne ouverte
sous la toiture et détermine un pittoresque effet de clair-
obscur.

Signé à droite et daté 1639.

Bois. H. 0.32. L. 0.39.

OSTADE (A. V.)

82 — *Le Ménage hollandais.*

Assise sur une chaise basse, le pied posé sur une chauf-
ferette, la femme allaite son marmot, tandis que son mari
est occupé à dévider du fil.

Ce groupe se détache sur un mur grisâtre vivement
éclairé. L'effet est doux et la coloration d'une grande
finesse.

Bois. H. 0.20. L. 0.25.

OSTADE (A. V)

Né à Lubeck vers 1613. — Mort vers 1654.

83 — *La Joyeuse réunion.*

Dans une grande pièce traversée de poutres et de solives et couverte en chaume, une dizaine de gais compagnons, tous buveurs et fumeurs, entourent le feu de bois allumé sur le sol.

Au fond, trois enfants mangent la soupe devant le fournil, et un ménétrier, le violon à la main, ouvre la porte et vient rejoindre la compagnie.

A gauche, dans l'ombre, un porc auprès d'une chaise renversée; à droite, couché sur une planche, un chien ronge un os.

Signé sur un escabeau : Isack van Ostade, 1633?

Bois. H. 0.43. L. 0.58.

REMBRANDT (Van Ryn)

1608 — 1669. Amsterdam.

84 — *L'Obélisque.*

Le ciel est couvert et une ombre épaisse se répand sur le premier plan où passent, devant un bouquet de beaux arbres, un cavalier accompagné d'un chien et un piéton portant un faucon. Une route se dirige vers le pont d'un torrent où l'on voit un moulin. Ce torrent ondule dans la campagne; au milieu d'une plaine, à gauche, se dresse un obélisque. Au fond, s'alignent les maisons d'une ville importante. Des montagnes élevées se perdent à l'horizon.

Les paysages de Rembrandt sont fort rares; celui-ci est un intéressant spécimen de son talent dans ce genre.

Signé R. 1668.

Bois. H. 0.55. L. 0.70.

RUBENS (Peter Paul)

Né en 1577. — Mort à Anvers en 1640.

85 — *La conversion de saint Bavon.*

Après avoir distribué ses biens aux pauvres, saint Bavon quitte la carrière militaire pour embrasser la vie monastique.

Il est représenté sur le perron d'une église, revêtu de son armure, la couronne à la main, son manteau de pourpre soutenu par deux pages. Il s'agenouille devant deux évêques qui s'avancent pour le recevoir. Derrière lui, des seigneurs montent l'escalier. Au bas des marches, un intendant prend des pièces d'or dans des coupes portées par deux enfants et les donne aux malheureux. A gauche, deux femmes, en riche costume du xvi⁰ siècle, assistent à la conversion du saint et semblent disposées à suivre son exemple.

Première pensée du célèbre tableau de la cathédrale de Saint-Bavon, à Gand.

Très belle esquisse, exécutée d'un seul jet, dans une tonalité blonde, d'un éclat et d'une transparence remarquables.

Bois. H. 0.68. L. 0.47.

RUYSDAEL (Jacob Van)

Né à Harlem vers 1625. — Mort en 1681.

86 — *Entrée de forêt.*

Au premier plan, une nappe d'eau; un chasseur a quitté sa monture pour tirer sur les oiseaux qui voltigent au-dessus de la mare; des villageois attendent un peu plus loin.

Trois chênes aux troncs noueux s'élèvent au-dessus d'un monticule verdoyant où paissent des moutons.
Ciel nuageux.

Les figures sont de Ph. Wouwerman.

Bois. H. 0.52. L. 0.63.

RUYSDAEL (J. V.)

87 — *Le Village sur la hauteur.*

Une rivière traverse le premier plan. A gauche est une passerelle en planches aboutissant à un chemin qui monte la colline dont le plateau est occupé par les maisons du village groupées auprès de l'église. Sur le chemin, on voit une paysanne et un enfant arrêtés devant un homme assis à terre. La rivière coule au pied de blocs de rochers garnis de mousse et de broussailles, couronnés par un gros chêne dont le tronc se subdivise en plusieurs branches qui étendent leurs rameaux au centre de la composition. Quelques parties bleues dans le ciel découpent les contours de beaux nuages grisâtres.

Œuvre capitale du maître, d'un coloris transparent et puissant et d'une admirable exécution. Le ciel est de la plus grande beauté.

Signé à gauche.

Gravé par G. Greux.

H. 0.88. L. 1.04.

RUYSDAEL (J. V.)

88 — *Le Château sur la colline.*

Un cours d'eau au pied d'une colline boisée et verdoyante surmontée d'un château, en partie caché par de grands arbres.

Au centre, un chemin; à droite, une maison sur la porte de laquelle est une femme; un jeune garçon et un chien se dirigent vers elle.

Superbe tableau du maître.

Signé du monogramme.

Collection François Nieuwenhuys.

Gravé par G. Greux.

Toile. H. 0.59. L. 0.71.

RUYSDAEL (J. V.)

89 — *Paysage boisé.*

Une rivière traverse le premier plan et baigne des mamelons boisés où les bergers font paître leurs troupeaux. Un arbre, abattu sur la berge, trempe l'extrémité de ses branches dans l'eau.

Ciel grisâtre, avec de beaux nuages aux contours arrondis et vivement éclairés.

Dans ce tableau, le faire est large et d'une grande analogie avec celui de Hobbema.

Bois. H. 0.51. L. 0.67.

RUYSDAEL (J. V.)

90 — *Le torrent.*

Des dames, des seigneurs, une fillette, sont arrêtés au bord d'un torrent. Un peu plus loin, un cavalier et deux villageois suivent un chemin qui s'enfonce dans la forêt.

A droite, on aperçoit des coteaux boisés.

Toile. H. 0.66. L. 0.86.

RUYSDAEL (J. V.)

91 — *L'Hiver.*

Trois pauvres cabanes, enserrées dans un enclos de palissades délabrées et de saules rabougris, émergent tristement au milieu d'une plaine morne, toute couverte de givre. Leurs toitures blanches de neige, dominées par un vieux pignon démantelé, s'élèvent en clarté sur les teintes grises des nuages qui obscurcissent le ciel.

Quelques maigres roseaux courbés sur une mare glacée, un tronc d'arbre gisant au bord, accentuent encore le sentiment de mélancolie empreint sur le paysage.

Signé à droite, en toutes lettres.

Toile. H. 0.28. L. 0.34.

RUYSDAEL (Salomon)

Né à Harlem en 1610. — Mort en 1670.

92 — *Bords de la Meuse.*

Au premier plan, sur une langue de terre, plusieurs vaches dont deux entrent dans l'eau. A gauche, sur la rive, une rangée d'arbres, puis un village avec son église.

Signé à gauche du monogramme.

Bois. H. 0.35. L. 0.59.

SCHOEN ou SCHOENGAUER (Martin)

Né à Colmar vers 1430. — Mort en 1492. École allemande.

93 — *La Mort de la Vierge.*

Les douze apôtres entourent le lit de la Vierge expirante; saint Jean, tenant un cierge, lui prend la main.

Au pied du lit est un grand chandelier gothique en bronze.

Petit tableau très fin, signé des initiales de l'auteur M. S., séparées par une croix.

Bois. H· 0.26. L. 0.18.

SCHOREL (Jan Van)

1495 — 1562. École hollandaise.

94 — *La Vierge.*

Les mains jointes, la tête couverte d'un voile en gaze maintenu par un bandeau d'or garni de perles, elle est drapée dans un ample manteau bleu. Au loin, une campagne montagneuse, avec habitations sur les bords d'une rivière.

Bois. H. 0.51. L. 0.41.

SLINGELANDT (Peeter Van)

Né à Leyde en 1640. — Mort en 1691.

95 — *L'École des garçons.*

Un vieux pédagogue, assis au milieu de la classe, assujettit ses bésicles sur son nez, et examine la pointe d'une plume d'oie, se préparant à corriger le cahier de devoirs qu'un écolier ouvre sur son pupître. Un autre garçon, debout, étudie sa leçon. Derrière l'instituteur, à droite, une demi-douzaine de gamins s'agitent à qui mieux mieux, tandis qu'à gauche, au fond de la pièce, cinq enfants, sous

l'œil du maître, entourent paisiblement la table de travail.
Une cage est suspendue au plafond. Une lanterne et un
éteignoir sont posés sur un banc.

Tableau digne de Gérard Dow, pour le précieux rendu
de tous les détails et l'extrême finesse de l'exécution.

Bols. H. 0.42. L. 0.33.

STEEN (JAN)

Né à Leyde en 1636. — Mort en 1680.

96 — *Le Galant message.*

En toilette du matin, ses longs cheveux dénoués sur
les épaules, une jeune dame hollandaise, assise sur une
terrasse devant une table couverte d'un tapis d'Orient, lit
avec attention la missive que vient de lui remettre une
duègne encapuchonnée de noir. La vieille, les deux mains
sur la crosse de sa canne, fixe ses regards chafoins sur le
visage de la dame, cherchant à pressentir la réponse qu'elle
a mission de rapporter.

A droite, un mur sillonné de plantes grimpantes et
orné d'une draperie rouge; à gauche, un coin de paysage.

Tableau du meilleur faire de l'artiste et d'un dessin très
étudié.

Toile. H. 0.33. L. 0.29.

TENIERS (David)

Né à Anvers en 1610. — Mort en 1694.

97 — *Tabagie.*

Assis sur un escabeau, devant une table où sont posés un pichet, un réchaud et une serviette, un vieux paysan, coiffé d'un feutre gris, allume sa pipe. A côté de lui, vu de profil, un jeune homme adossé au mur, la tête en arrière, lance béatement une bouffée vers le plafond. Plus loin, un troisième fumeur, debout, prend du tabac sur un tonneau de champ et bourre sa pipe. Au fond de la pièce, devant la cheminée, un homme, tenant un verre, cause avec une femme assise, qui se chauffe. A terre, au premier plan, un vase en terre rouge.

Signé du monogramme.

Bois. H. 0.36. L. 0.28.

TENIERS (D.)

98 — *Buveurs et Fumeurs.*

Devant l'âtre d'une haute cheminée, trois paysans se livrent aux douceurs de la pipe et de la bière. L'un, assis sur un escabeau, a saisi un verre à deux mains, après avoir confié sa pipe à son voisin de droite, avec recommandation de ne pas la laisser éteindre. Celui-ci, debout, le dos au feu, tire en riant une bouffée, ayant sa propre pipe passée à la ceinture. Un linge et un réchaud sont placés sur un tonneau à droite. Du même côté, dans le fond, un quatrième personnage est tourné contre le mur. Une estampe, accrochée sur la cheminée, porte la date 1671.

Signé à gauche : D. Teniers Fec.

Bois. H. 0.30. L. 0.21

TENIERS (D.)

99 — *Fête flamande.*

Des villageois sont joyeusement attablés à la porte d'un cabaret, dans une cour fermée au fond par une cloison en planches. — Au centre de la composition, un homme debout lève d'un air goguenard son verre plein qu'il va vider à la santé d'un camarade qui quitte la place à contre-cœur, mais sa femme l'a saisi par le bras et semble très décidée à le ramener au logis. Une scène analogue se passe à l'entrée de la cour, où une femme, aidée par un homme, a grand'-peine à faire franchir le pas de la porte à un ivrogne récalcitrant. Trois paysans debout causent auprès de la palissade, un quatrième est vu de dos.

Composition de vingt et une figures.

Exécution vive et spirituelle. Coloris blond et transparent.

Signé à droite.

Panneau. H. 0.26. L. 0.35.

TENIERS (D.)

100 — *Le Buveur.*

Coiffé d'un béret bleu, les cheveux en broussaille, souriant aux propos d'une vieille femme qui lui parle à l'oreille, il lève des deux mains une grosse cruche de bière.

Figures à mi-corps.

Signé en haut, à gauche du monogramme.

Bois. H. 0.77⁵. L. 0.125.

TENIERS (D.)

101 — *La Gazette.*

Une vieille, coiffée d'un fichu, lit dans la gazette quelque joyeuseté à un paysan qui rit aux éclats. Celui-ci est coiffé d'un béret rouge orné d'une plume et tient un verre à pied et un pichet en grès.

Figures à mi-corps.

Signé en haut, à droite du monogramme.

Bois. H. 0.165. L. 0.13.

TENIERS (D.)

102 — *Le Chanteur.*

Deux Flamands, dont l'un tenant une canette, se pressent-contre le chanteur, coiffé d'un feutre pointu à plume, accoudé sur le bord d'une table, une main dans l'ouverture de sa veste.

Figures à mi-corps.

Bois. H. 0.165. L. 0.13.

TENIERS (D.)

103 — *Le Vigneron.*

Couronné de pampres, en veste rose et tablier blanc, il tient une bouteille et, levant son verre, il semble admirer la couleur du vin.

Des grappes de raisin garnissent une planche posée en travers de deux tonneaux. Au fond, des vendangeurs dans les vignes.

Bois. H. 0.23. L. 0.16.

TERBURG (GÉRARD)

Né en 1608. — Mort en 1681.

104 — *Un Savant dans son cabinet.*

Assis devant son bureau, vu à mi-jambes, il a devant lui un livre ouvert dont il tourne les feuillets; la tête de trois quarts tournée à droite, les cheveux gris, vêtement noir avec collerette blanche rabattue, la main droite appuyée sur son genou.

Au fond, une carte, des livres dans un casier; vers la droite, une mandoline suspendue à la muraille.

Cuivre. H. 0.40. L. 0.28.

VERSCHURING (WILLEM)

Milieu du xvii° siècle — Gorcum.

105 — *Le Duo.*

Un jeune homme assis, revêtu d'une robe de chambre à ramages et coiffé d'une toque à plumes, joue de la mandoline et chante avec une jeune femme, en robe de satin jaune, debout devant une table, tournant le feuillet de la partition.

A gauche, en bas, on voit les huit dernières lettres de la signature de l'auteur.

Bois. H. 0.28. L. 0.31.

3

VOS (Corneille de)

1585 (?). — 1651. Hulst.

106 — *Famille de Notables flamands.*

Un personnage de distinction, en costume noir avec large fraise, appuie affectueusement la main sur l'épaule de sa femme. Celle-ci, coiffée d'un bonnet brodé, le cou entouré d'une fraise pareille, est vêtue d'une robe noire garnie de passementeries d'or. Devant eux, sont placés leurs deux jeunes enfants, un garçon et une fille. Le premier offre une pomme à sa sœur qui tend la main gauche pour la prendre, tandis que de la droite elle sert la main de sa mère posée sur son épaule. Au-dessus des personnages est drapé un rideau violet; à droite, on voit une fontaine ornée d'une statue de déesse indoue tenant des dauphins.

Ces portraits passent pour être ceux de Philippe Rubens (frère du grand peintre), de sa femme et de ses enfants.

Toile. H. 1.30. L. 1.60.

WERFF (Adriaan van der)

Né en 1659. — Mort en 1722.

107 — *Portrait d'une Dame hollandaise.*

Jeune femme aux cheveux blonds bouclés, représentée

dans un parc, avec les attributs de Diane, le carquois sur l'épaule, un arc dans la main gauche; elle appuie sa main droite sur la vasque d'une fontaine. Sur sa tunique en satin blanc retombe une écharpe de couleur changeante. Figure à mi-jambes.

Signé et daté 1686.

Toile. H. 0.47. L. 0.39.

WOUWERMAN (Philips)

Né à Harlem en 1620. — Mort en 1168.

108 — *L'Escarmouche.*

Des cavaliers sont aux prises au bord d'une rivière; au centre de la mêlée, l'un d'eux, montant un cheval blanc, tire un coup de fusil sur des fantassins embusqués à la crête d'un monticule. Plusieurs combattants se sont jetés à l'eau.

Importante composition où l'on compte une trentaine de personnages.

Toile. H. 0.82. L. 1.04.

WOUWERMAN (Philips)

109 — *Le Monticule sablonneux.*

Cavaliers et villageois sur un chemin tournant, au bas
des tertres sablonneux plantés d'un bouquet d'arbres. Le
chemin longe un petit canal traversé par une passerelle en
bois. Au premier plan, deux hommes poussent une barque
dans l'eau. Légers nuages dans une atmosphère bleuâtre.

Tableau peint dans le goût de Wynants, dont Wouwerman était l'élève.

Signé et daté.

Bois. H. 0.35. L. 0.43.

WOUWERMAN (Philips)

110 — *Le Déménagement rustique.*

Halte de paysans sur une hauteur, près d'une maison
et deux arbres, au bord d'un fleuve où l'on aperçoit un
bateau avec son mât. Un jeune paysan est monté sur un
cheval blanc chargé d'ustensiles de ménage. Une paysanne
est assise par terre près d'un pèlerin et d'un paysan qui
leur parle. Au sommet du monticule, un homme assis tient
par la bride un mulet chargé.

Signé en bas, à droite, du monogramme.

Galerie de Pommersfelden. (Extrait du catalogue de 1867.)

Gravé par Boulard fils.

Bois. H. o.48. L. o.38.

WOUWERMAN (Philips)

111 — *La Vieille Tour.*

Devant une tour en ruines, couronnée de mousse et de pariétaires, s'étend une pauvre clôture fabriquée de planches, de paille et de troncs de saules et attenante à une maisonnette couverte en chaume.

Une villageoise et un enfant vont entrer dans la cabane. Un paysan chemine sur un sentier qui se dirige vers la gauche, un autre est assis par terre ; plus loin on voit un cavalier et un enfant.

Charmant petit paysage d'une grande délicatesse de pinceau et d'une tonalité très fine.

Bois. H. o.17. L. o.22.

WOUWERMAN (Philips)

112 — *La Halte dans le ravin.*

A la base de rochers escarpés et couronnés de broussailles et d'arbustes, sont arrêtés une dizaine de personnes : pêlerins, mendiants, villageois, cavalier, colporteur avec son cheval blanc chargé de ballots.

Plus loin, deux chariots couverts de bâches descendent le ravin et vont s'engager dans une route pratiquée dans le roc. Deux tours et quelques maisons, construites au sommet des rochers de chaque côté de la route, sont reliées par une passerelle en bois.

Signé à droite du monogramme.

Bois. H. 0.45. L. 0.61.

WOUWERMAN (PHILIPS)

113 — *Les Bûcherons. — Temps d'hiver.*

A droite, un bûcheron taille des branches, un autre charge le bois sur un cheval bai.

Au centre de la composition, un cheval blanc, de profil, prend sa provende dans un sac déposé à terre.

Au second plan, groupe de patineurs. Dans les lointains, quelques cabanes à la base de collines couvertes de neige.

Des vapeurs faiblement éclairées montent dans l'atmosphère.

Bois. H. 0.31. L. 0.42.

WOUWERMAN (Philips)

114 — *Le Départ pour la chasse.*

Une amazone, un faucon sur le poing, et un cavalier drapé dans son manteau, le feutre à la main, attendent le signal du départ, pendant qu'un valet boucle la selle d'un cheval blanc qu'un seigneur s'apprête à enfourcher.

Fin et très remarquable petit tableau.

Bois. H. 0.21. L. 0.18.

WYNANTS (Jan)

Né à Harlem en 1600. — Mort en 1677.

115 — *Site montagneux et boisé.*

A gauche, au bord d'une mare se dresse un bouquet d'arbres qui ombragent le premier plan. Sur une route en pente, une femme tenant un petit garçon par la main vient de croiser un homme monté sur un âne et cheminant à côté d'un piéton. Une chaîne de montagnes déroule ses lignes sinueuses dans le lointain, sous un ciel bleu parsemé de nuages dorés.

Paysage très lumineux donnant l'impression d'une chaude journée d'été.

Signé à droite : J. Wynants.

Toile. H. 0.69. L. 0.75.

WYNANTS (J.)

ET

LINGELBACH (JOANNES)

116 — *La Moisson.*

Sur un chemin, au bord d'une petite mare, passent un cavalier portant une femme en croupe, et un piéton, le râteau sur l'épaule, une gourde à la main. Deux arbres se dressent à droite à l'extrémité d'une haie. A gauche, sur une éminence, on voit un chasseur et son chien.

Toute cette partie du paysage est dans l'ombre et contraste avec le second plan où les moissonneurs fauchent un champ de blé, en plein soleil.

Au loin, dans les arbres, apparaissent les toitures d'un village ; à l'horizon les collines dessinent leurs crêtes sinueuses sous un ciel vaporeux, d'une grande transparence.

Œuvre charmante du peintre, portant sa signature et la date 1761.

Toile. H. 0.29. L. 0.37.

WYNANTS (Jan)

Né à Harlem en 1600. — Mort en 1677.

ET

VELDE (Adriaan van de)

Né à Amsterdam en 1639. — Mort en 1672.

117 — *Terrains éboulés.*

Un troupeau de vaches et de moutons défile sur un chemin creusé d'ornières qui contourne un monticule sablonneux, parsemé de touffes de gazon et frappé d'un rayon de soleil. Deux gros chênes, plantés au bord de la route, se dressent au milieu du paysage.

Agréable petit tableau, d'une extrême finesse de ton et d'une exécution très soignée.

Collection Levy.

Signé des initiales J. W.

Toile. H. 0.23. L. 0.28.

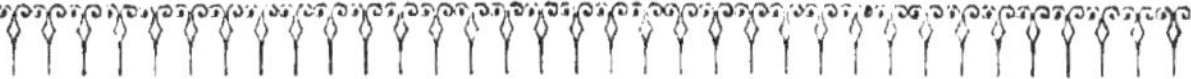

ÉCOLES

ITALIENNE ET ESPAGNOLE

BELLINI (École des)

118 — *La Sainte famille.*

Au centre de la composition, la Vierge tenant l'Enfant qui se tourne vers saint Joseph et lui donne la bénédiction. A gauche, une sainte tenant la palme. Figure à mi-corps.

Ce tableau nous paraît être l'œuvre de Vincent CATENA, élève de Bellini et condisciple de Giorgion.

Panneau. H. 0.70. L. 0.96.

BORGOGNÖNE (Ambrogio)

119 — *La Vierge et l'Enfant.*

Assise sur un trône, entre deux anges qui soulèvent la draperie rouge du dais, Marie est vêtue d'une robe rose et d'un manteau bleu brodé de rosaces, recouvrant la tête et attaché sur le sein par une agrafe d'or ornée de perles. Elle tient sur ses genoux l'Enfant Jésus enveloppé aux jambes d'une draperie jaune et qui, la main gauche posée sur un livre, lève la droite pour bénir un homme (le donataire) agenouillé à ses pieds.

Bois. H. 0.75. L. 0.56.

BOTTICELLI (Alessandro Filipepi, dit Sandro)

1444 — 1515. Florence.

120 — *La Vierge et l'Enfant Jésus.*

Vêtu d'une chemise jaunâtre, l'Enfant debout sur l'appui d'un mur passe les bras au cou de sa mère, qui le soutient avec une tendre sollicitude.

Fond doré; panneau cintré du haut.
Collection Benjamin Fillon.

H. 0.66. L. 0.40.

CALCAR (Johann Stephan, Von)

1499 — 1546. Ecole vénitienne.

121 — *Portrait d'Homme.*

A mi-corps, de trois quarts, des gants dans la main droite ; toque noire ; surtout de soie garni de fourrure, chaîne d'or sur la poitrine.

Toile. H. 0.56. L. 0.53.

122 — *Portrait de Femme.*

En robe noire avec fourrure, les mains croisées sur la ceinture. En bas de la toile, la tête d'un lévrier.

Toile. H. 0.56. L. 053.

CANALETTI (Antonio da Canal, dit)

1697 — 1768. Venise.

123 — *Le Grand canal à Venise.*

De nombreuses gondoles sillonnent en tous sens les eaux du canal qui fuit sous le regard, en droite ligne, entre les deux quais bordés de palais, d'édifices publics et de maisons.

L'effet général, très puissant, est d'une surprenante vérité. Les détails d'architecture sont rendus avec une grande légèreté de pinceau.

Toile. H. 0.49. L. 0.75.

CORREGIO (Attribué à ANTONIO ALLEGRI, dit Il.)

124 — *Déposition de croix.*

Le corps du Christ est étendu sur un suaire ; la tête repose sur les genoux de la Vierge qui s'évanouit entre les bras de Marie Salomé et de Marie Cléophas. Aux pieds de Jésus, la Madeleine s'affaisse en proie au plus profond désespoir.

Un homme descend d'une échelle appuyée contre la croix.

Panneau. H. 0.42. L. 0.48.

COTIGNOLA (FRANCESCO MARCHESI, dit DE)

1518. — Cotignola.

125 — *La Vierge et deux Saints.*

La Vierge et l'Enfant Jésus tenant un chardonneret

apparaissent au ciel, entourés de chérubins. A droite, saint Jérôme ; à gauche, saint François aux stigmates. Au loin, à travers les arbres, on distingue une ville divisée par un fleuve.

Signé en bas : FRANCESCHO DA COTIGNOLA.

Dipinse a di 8 setenbre 1512.

Bois. H. 0.76. L. 0.56.

CRIVELLI (CARLO)

1430 — 1495. Venise.

126 — *Le Calvaire.*

Au sommet d'une montagne formée par des rochers dans les fissures desquelles poussent quelques arbres, le Christ expire sur la croix, la tête penchée vers sa mère qui, debout, les mains jointes, le regarde avec désespoir ; à droite, saint Jean, vêtu d'une tunique jaune et drapé dans un manteau violet à bordure dorée. On aperçoit, vers le fond, les tourelles et les portes de Jérusalem.

Belle et intéressante peinture, rappelant par le caractère les œuvres de Mantégna.

Collection Barker, de Londres.

Bois cintré du haut. H. 0.76. L. 0.054.

FIESOLE (Attribué à FRA GIOVANI ANGELICO da)·
1387 — 1455. Toscane.

127 — *La Prédication de saint Pierre.*

Debout dans une chaire, la tête entourée d'un nimbe
d'or, saint Pierre prêche devant un groupe de sept femmes
assises à terre, au milieu d'une place de ville d'Italie. A droite,
deux personnages debout ; à gauche, deux docteurs tenant
des rouleaux de parchemin ; devant eux, un saint, la tête
nimbée, est assis et semble transcrire les paroles du prédi-
cateur sur un livre qu'un lévite à genoux soutient d'une
main, présentant de l'autre un encrier. Les personnages
portent les costumes du commencement du xve siècle. Les
palais et les divers édifices qui entourent la place se détachent sur le bleu du ciel.

Panneau. H. 0.34. L. 0.52.

GADDI (Attribué à AGNOLO)

128 — *Un Ange.*

Debout, de profil, et tenant un lis.

Curieuse peinture sur fond doré, qui semble être le
fragment d'un tableau de plus grande dimension qui aurait
représenté le sujet de l'Annonciation.

Panneau. H. 0.61. L. 0.41.

GUARDI (Francesco)

1712 — 1793. Venise.

129 — *San Giorgio-Maggiore.*

A gauche, au second plan, la façade principale de l'Église, le dôme et le campanile. A droite, l'île de la Guidecca.

A droite et à gauche, sur le devant, des chalands amarrés, un pêcheur dans sa barque, et à l'horizon, la pleine mer.

Ce tableau et le suivant qui lui sert de pendant sont de l'exécution la plus vive et la plus spirituelle du maître.

Ce sont deux œuvres de qualité exceptionnelle pour le brio de la touche, l'éclat et le charme du coloris.

Gravé par Gaucherel.

Toile. H. 0.35. L. 0.53.

GUARDI (F.)

(PENDANT DU PRÉCÉDENT)

130 — *La Dogana.* — *Venise.*

De nombreuses gondoles se croisent en tous sens sur les eaux du grand canal. Des barques sont amarrées au long du quai. Il y a foule sur la place triangulaire, devant la porte de la Dogana, dont les bâtiments s'étendent à droite jusqu'à l'église della Salute.

Gravé par Gaucherel.

Toile. H. o.35. L. o.53.

GUARDI (F.)

13 1 — *Palais en ruine au bord de la mer.*

Sur le devant, deux pêcheurs, l'un tenant une perche, l'autre un panier.

Au second plan, la porte cintrée d'un monument en ruines, décorée de pilastres et de colonnes d'ordre corinthien. Au loin, l'arche d'un pont et le fronton d'un temple.

Collection François Nieuwenhuys.

Toile. H. o.39. L. o.3o.

LIPPI (Filippino)

1460 — 15o5. Florence.

132 — *La Vierge et l'Enfant Jésus.*

Vêtu d'une chemisette qui laisse les jambes et les bras nus, l'Enfant passe les deux mains autour du cou de sa mère, assise auprès d'un pupitre sur lequel est un livre ouvert.

Bois forme ronde. Diam. o.84.

LIPPI (FRA FILIPPO)

Né vers 1412. — Mort en 1469. Florence.

133 — *La Vierge aux Anges.*

Vêtue d'une robe et d'un manteau brun, bordé d'un galon d'or enrichi de perles et de pierreries, la tête recouverte d'une voilette blanche, la Vierge présente une grenade à l'enfant Jésus, assis sur ses genoux. A droite, un ange en adoration, les mains croisées sur la poitrine ; à gauche un autre ange tenant un œillet. — Pour fond, un paysage montagneux et boisé.

Œuvre de premier ordre pour la pureté du dessin et l'élévation du style.

Panneau. H. 0.79. L. 0.51.

LIPPI (École de FRA FILIPPO)

•

134 — *La Vierge et l'Enfant Jésus.*

Marie, représentée en pied, a sur les genoux l'Enfant Jésus enveloppé d'un lange violet, brodé d'or ; elle est assise devant un mur que surmontent des fleurs et des feuillages.

Bois. H. 0.61. L. 0.43.

MELOZZO (Francesco)

1436 — 1492. Forli.

135 — *La Sainte famille aux Anges.*

Un ange soutient l'Enfant Jésus assis à terre sur un pan du manteau de la Vierge qui est agenouillée, en prières. Deux autres anges sont en adoration. A gauche, saint Joseph, les mains croisées sur son genou. Deux colonnes corinthiennes se détachent sur un fond de paysage montagneux où l'on aperçoit deux bergers dont l'un porte un agneau sur ses épaules.

Bois. H. 0.88. L. 0.72.

MEMMI (Attribué à Simone)

Ecole de Sienne. xiiie siècle.

136 — *La Vierge glorieuse.*

Marie, tenant l'Enfant Jésus, est sur un trône environné d'anges et de saints personnages. Les nimbes sont gaufrés et dorés et les détails des costumes très intéressants. — Cadre de style gothique à colonnes torses.

Bois. H. 0.50. L. 0.22.

PANICALE (Attribué à MASOLINO DA)

1378 — 1415. Florence.

137 — *Sainte Famille.*

Les mains jointes, la Vierge se penche sur son fils, qui est étendu sur le gazon et considère avec curiosité, un doigt sur sa bouche, les cerises et le chardonneret posés devant lui. A gauche, le petit saint Jean. A droite, sur le bord du tableau, apparaît le charmant profil d'une jeune fille couronnée de roses. Fond noir pointillé de blanc. Les têtes des trois personnages principaux sont environnées de nimbes d'or.

Le panneau est entouré d'une bordure composée d'ornement, palmettes et rinceaux très finement exécutés en or sur fond rouge et traversés par une inscription en lettres dorées.

Bois cintré du haut, y compris la bordure. H. 0.88. L. 0.49.

RIBERA (GIUSEPPE)

16.0 — 1656.

138 — *Saint Pierre.*

Front découvert, barbe grise, les regards levés vers le ciel ; il est accoudé sur une table, la tête appuyée sur la main droite ; de la main gauche il ramène sur ses genoux les pans d'un large manteau de couleur jaunâtre. — Sur la table, les clefs et un livre de piété.

Superbe peinture, d'une facture magistrale.

Toile. H. 1.25. L. 0.95.

ROSALBA (CARRERIA)

1675 — 1757. Venise.

139 — *Portrait de jeune Femme.*

En buste, presque de face, peignoir décolleté, coiffée d'une voilette en gaze.

Pastel. H. 0.44. L. 0.46.

SASSO FERRATO (SALVI DA)

1605 — 1685. Ecole italienne.

140 — *Madone.*

Les yeux baissés, les mains jointes, la tête couverte d'une draperie blanche qui descend sur le front, projetant de l'ombre sur une partie du visage.

Toile. H. 0.45. L. 0.36.

SIGNORELLI (Attribué à LUCA)

1440 — ?. Cortone.

141 — *Saint Étienne.*

Le premier diacre de l'Église est représenté de face debout, en robe rouge, tenant un livre de piété et la palme du martyre.

Le fond du panneau est gaufré en relief et doré et simule une arcature ogivale.

Panneau. H. 1 65. L. 0.48.

TINTORETTO (JACOPO ROBUSTI, dit LE)

Né à Venise. — Mort en 1594.

142 — *Portrait d'un Financier.*

Il est debout, de grandeur naturelle, vu jusqu'aux genoux, la tête de trois quarts tournée vers la gauche, cheveux grisonnants, barbe rouge, vêtement en soie noir, garnie de fourrures ; il désigne du doigt les balances posées sur une table auprès d'une figure en bronze doré représentant la Fortune, des ailes aux pieds et marchant sur un globe.

Superbe peinture provenant de la collection du cardinal Fesch.

Toile. H. 1.10. L. 0,95.

ÉCOLE MODERNE

BELLANGÉ (Hippolyte)

143 — *Le galant Cavalier.*

Un officier de mousquetaires s'approche d'un balcon pour baiser la main d'une dame, tandis que son cheval piaffe d'impatience.

H. 0.45. L. 0.37.

BELLANGÉ (Hippolyte)

144 — *Petite Bûcheronne.*

H. 0.18. L. 0.12.

BONINGTON

145 — *Louis XIV recevant le prince de Condé.*

Belle esquisse ayant fait partie de la galerie du Palais-Royal et sauvée de l'incendie de 1848, dont elle porte encore quelques traces.

Signé du monogramme.

H. 0.45. L. 0.58.

BONINGTON

146 — *Paysage au bord de la mer.*

H. 0.22. L. 0.34.

BONINGTON

147 — *Le Cabinet du ministre.*

Etude d'intérieur.

H. 0.27. L. 0.35.

BONINGTON

148 — *La Gamme d'amour.*

Aquarelle.

BONINGTON

149 — *La Cascade.*

Aquarelle.

COUTURE

150 — *Tête de Femme.*

H. 0.40. L. 0.33.

DAUBIGNY

151 — *Étude.*

Faite d'après « le Buisson » de Ruysdaël, le célèbre tableau du musée du Louvre.

Dessin rehaussé.

DECAMPS

152 — *Paysage.*

Un cours d'eau traverse la prairie où un cheval blanc est en train de paître ; plus loin, le coteau boisé est surmonté d'un château fort qui se découpe sur un ciel bleu, marbré de légers nuages blancs.

H. 0.14. L. 0.17.

DECAMPS

153 — *Arabes à la fontaine.*

Aquarelle.

DELACROIX (Eugène)

154 — *Mort d'Hassan.*

« Il est étendu sur la terre, le visage tourné vers le ciel ; son œil encore ouvert menace son ennemi, comme si la mort y avait laissé survivre la haine »

Le Giaour, Lord Byron.

H. 0.32. L. 0.40.

DELACROIX (Eugène)

155 — Cheval attaqué par un tigre.

Le cheval a été renversé sur le dos et le tigre, qui l'a saisi à la gorge, lui déchire le poitrail avec ses griffes.

H. 0.33. L. 0.43.

DELACROIX (Eugène)

156 — Hercule et Antée.

Antée, soulevé de terre par Hercule, renverse sa tête en arrière. Une femme, portant sur la tête une couronne de tours, se roule à leurs pieds ; à gauche un fond de montagnes.

H. 0.30. L. 0.44.

DELACROIX (Eugène)

157 — Son portrait par lui-même.

H. 0.35. L. 0.26.

DELACROIX (Eugène)

158 — *Portrait du jeune Pellerin, lauréat du concours général de 1825.*

H. 0.60. L. 0.48.

DELACROIX (Eugène)

159 — *Portrait de Boissard de Boisdenier.*

H. 0.60. L. 0.48.

DELACROIX (Eugène)

160 — *Départ pour le Sabbat.*

Etude.

H. 0.32. L. 0.41.

DELAROCHE (Paul)

161 — *Intérieur de son atelier.*

H. 0.40. L. 0.32.

DELAROCHE (Paul)

162 — *Quatre études pour le tableau « La Mort du duc de Guise ».*

Aquarelles.

DE DREUX (Alfred)

163 — *La Promenade.*

H. 0.42. L. 0.61.

FORTUNY

164 — *Arabe en prière.*

Aquarelle.

FORTUNY

165 — *Le Repos, étude.*

Aquarelle.

GÉRICAULT

166 — *Cheval blanc.*

H. 0.44. L. 0.55.

GÉRICAULT

167 — *Bataille d'Austerlitz.*
Etude d'après le tableau de Gérard.

H. 0.45. L. 0.71.

INGRES

168 — *Angélique.*

H. 1.00. L. 0.72.

INGRES

169 — *Portrait de Ingres jeune homme.*

H. 0.60. L. 0.47.

INGRES

170 — *Étude pour le tableau « Le saint Symphorien. »*

H. 0.35. L. 0.30.

JACQUET (GUSTAVE)

171 — *Tête de jeune Fille.*

H. 0.34. L. 0.24.

MARILHAT

172 — *Musicien arménien.*
Etude.

H 0.31. L. 0.23.

MEISSONIER

173 — *La Lecture.*
Dessin rehaussé de gouache.

MEISSONIER

174 — *La Partie de cartes au corps de garde.*

Aquarelle.

MEISSONIER

175 — *Ugolin et ses enfants dans la Tour de la faim.*

Sépia.

MEISSONIER

176 — *Étude pour le tableau « 1807 ».*

H. 0.13. L. 0.10.

MÉLIN

177 — *Chien rapportant un faisan.*

H. 1.30. L. 0.88.

MILLET (J.F.)

178 — *Idylle.*

H. 0.25. L. 0.20.

MILLET (J. F.)

179 — *Moine lisant.*

H. 0.27. L. 0.21.

ROUSSEAU (Théodore)

180 — *Un Marais en Bourgogne.*

H. 0.6.. L. 1.04.

ROUSSEAU (Théodore)

181 — *Sentier dans les bruyères.*

H. 0.12. L. 0.27.

ROUSSEAU (Théodore)

182 — *Étude de chêne.*

H. 0.80. L. 0.69

ROUSSEAU (Philippe)

183 — *Pigeon ramier.*

H. 0.33. L. 0.40.

ROYBET

184 — *Le repas de la Lingara.*

Une jeune femme au type bohémien est assise près d'une table contre laquelle est appuyée une guitare et où se trouvent posés des fruits et des liqueurs. Daté 1865.

H. 1.12. L. 0.84.

SCHEFFER (Ary)

185 — *Mignon songeant à la patrie.*

H. 0.30. L. 0.23.

TROYON

186 — *Coup de soleil avant l'orage.*

Un rayon de soleil traverse un ciel chargé ds nuages sombres et éclaire une partie de la plaine. Quelques vaches disséminées dans la prairie viennent s'abreuver dans une petite mare.

H. 0.25. L. 0.32.